LIVRE D'OR DU BON VIVANT

OU

L'Influence par le Magnétisme et l'Hypnotisme

Édité par Désiré BOULIFARD

à ROMILLY (Loir-et-Cher)

1905

TOUS DROITS RÉSERVÉS

Prix : 5 francs

VENDÔME. — IMP.-LIB. P. ROUILLY.

LE LIVRE D'OR DU BON VIVANT

ou

L'Influence par le Magnétisme et l'Hypnotisme

Comment on obtient le Magnétisme et l'Hypnotisme et leurs effets

ÉTUDES ET CONNAISSANCES

THÉORIES & EFFETS PRODIGIEUX

des

plus grandes découvertes

AVANT-PROPOS

A l'aurore de ce siècle, l'homme ne vit plus sans penser, sans se préoccuper de tout ce qui l'entoure. Il veut connaître les Sciences, les nouvelles découvertes ; et, de toutes les questions qui l'occupent, l'hypnotisme est celle vers laquelle tend sans cesse son imagination en éveil. Mais pour arriver à connaître cette science troublante, passionnante au plus haut degré, il ne suffit pas de lire un livre quelconque, où il en est plus ou moins parlé, il faut lire un livre sérieux, renfermant des idées nettes et exposées clairement, et qui, une fois bien comprises, vous permettront de devenir vous-même un hypnotiseur ; car cette Science encore si peu connue est à la portée de tout être intelligent et maître de sa volonté. Tous ceux qui veulent s'en donner la peine peuvent devenir des magnétiseurs. Il suffit de vouloir, et c'est ce que l'auteur de ce livre :

LE LIVRE D'OR DU BON VIVANT

a exposé le plus clairement possible dans cet ouvrage appelé à un retentissement considérable dans le monde du magnétisme et de l'hypnotisme.

C'est le moyen d'arriver sûrement au but que l'on se propose en écartant les difficultés qui de toutes parts surgissent sur notre route, en les aplanissant et en arrivant à la fortune, au bonheur, à la réussite, là où un autre n'arrivera à rien en se donnant beaucoup de mal, et cela sans heurts, sans à-coups, sans fatigue.

Car enfin, pourquoi un homme arrive-t-il à une situation aisée, alors qu'un autre peine sans cesse et a bien du mal à vivre pauvrement avec le souci du lendemain. Pourquoi, c'est bien simple, c'est parce que celui-là a voulu être quelque chose qu'il y est arrivé, et c'est parce qu'il avait le fluide magnétique, qu'il a eu la volonté, l'énergie d'arriver là où il est.

C'est pour la même cause que tel autre homme est si recherché dans les bonnes sociétés, où il n'a qu'à paraître pour plaire et pour charmer l'assistance. C'est également par le même moyen qu'un homme inconnu hier de la plupart de ses semblables arrive tout d'un coup à être maire, député, sénateur, aux honneurs les plus enviés, et est toujours heureux en tout et partout ; ou qu'un autre réussit partout, au jeu, en duel, etc.

Le livre d'or du bon vivant est donc la manière sûre et facile d'influencer ses semblables ;

Par le Magnétisme et l'Hypnotisme

C'est un livre de bonne foi contenant toutes les plus étonnantes découvertes de la science, car elles découlent des travaux des savants les plus illustres qui ont étonné l'humanité par les secrets qu'ils ont dévoilés. Ces secrets qui jusqu'à ce jour n'étaient connus que des temples sacrés.

La science physique est aujourd'hui courante et accessible à tous, et c'est sur cette science que se base l'hypnotisme, dont les effets merveilleux sont décrits dans ce livre. Le secret de la puissance que l'on possède en soi-même par les effluves magnétiques qui s'échappent du corps humain, le secret du magnétisme et de l'hypnotisme pour l'utilité générale, pour le redressement, l'amélioration, l'éducation, tel est l'unique but de ce livre.

Vous y trouverez tout ce qui est nécessaire aux personnes sérieuses pour se servir de l'influence et de la puissance que la nature nous a données.

On pourra lire et apprendre par cœur afin de s'en servir pour son propre avancement dans la vertu et les honneurs.

Il n'y faut pas chercher le charlatanisme qui se donne libre cours dans beaucoup d'ouvrages similaires.

C'est un résumé exact et complet, scrupuleusement vérifié.

Grâce à ce résumé de toutes les sciences officiellement admises des phénomènes extraordinaires, celui qui se sera bien pénétré de cette idée, de ces préceptes minutieux que nous démontrons dans notre ouvrage produira infailliblement tous les effets de l'hypnotisme et du magnétisme réels.

Il pourra améliorer sa situation et la transformer au mieux de ses intérêts, il pourra briller au premier rang.

Quand il ouvrira la bouche pour exprimer ses sentiments ou pour émettre un avis, on l'écoutera toujours avec attention et sympathie.

Le lecteur de ce livre, qu'il soit professeur, simple commensal ou passant quelconque réussira où tout autre n'aurait pu réussir.

Il agira par sa puissance personnelle et la façon dont il la conduira sur l'imagination de ceux qui seront ignorants de ces pratiques. Et cela indépendamment de leur volonté, sans qu'ils s'en doutent.

Ce livre écrit d'une façon simple, ne contenant que des choses morales est à la portée de tous et pourra être lu par tous et partout. En France comme à l'étranger nous sommes persuadés qu'il trouvera bon accueil et qu'un succès de bon aloi sera la meilleure preuve de la véracité des matières qu'il contient.

CHAPITRE I

Effets du Magnétisme personnel

La pratique du Magnétisme exige :

> Une *volonté sérieuse, active* ;
> Une *ferme persuasion de sa puissance personnelle.*
> Une *grande et entière confiance en l'employant.*

La volonté sérieuse dépend bien entendu de soi-même.

La ferme persuasion de la puissance personnelle dépend absolument de toutes les expériences faites successivement par le magnétiseur et qui constitueront les éléments les plus solides de sa force.

Une grande et entière confiance, dont dépend le succès, provient absolument de l'attention apportée en l'employant.

Il suffira pour cela d'écarter les doutes et d'agir avec simplicité sans vous laisser distraire (ce qui est le point essentiel), pour votre puissance personnelle, avoir la foi en en votre force : vouloir réussir.

Il est urgent de ne faire aucun effort pour arriver à bien, il faut être patient et calme, ne pas détourner son attention, penser à ce que l'on fait.

Toutefois on peut rencontrer des sujets très difficiles. Il ne faudrait pas être surpris des difficultés qu'on éprouvera à les influencer, car certains sujets sont bien moins sensibles, moins magnétisables que d'autres.

Surtout il faut apporter une grande attention, suivre de point en point les instructions qui sont données dans ce volume. Nous ne pouvons bien entendu pas garantir le succès aux étourdis, aux personnes sans idée fixe, sans esprit, sans volonté. C'est aux personnes absolument sérieuses et sûres que nous nous adressons.

Il faut vouloir pour pouvoir, avoir de la confiance en soi ; et dire : je veux !!

Il faut toujours chercher à se dominer et avoir sur soi l'empire le plus absolu.

Ne pas être orgueilleux : ces défauts empêchent le succès, tâchez toujours de vous soustraire à leur néfaste influence.

Ne faites aucune parade de vos secrets.

Ne pas les étaler au grand jour. Feindre ne rien savoir au contraire. Ecouter toujours attentivement les personnes avec qui vous conversez, ne jamais les interrompre. Ne pas faire d'objections. Voilà le meilleur moyen de se dominer, de dompter sa volonté.

Dès que vous connaîtrez toutes les instructions et tous les secrets mystérieux contenus dans cet ouvrage, vous pourrez vous en servir si vous êtes maître de votre volonté.

CHAPITRE II

Effets et Influence du Magnétisme personnel

Nous avons déjà parlé dans le chapitre 1er des conditions nécessaires pour Magnétiser c'est-à-dire pour soumettre le sujet au fluide personnel.

Nous engageons les personnes à lire et relire notre ouvrage, à y apporter la plus grande attention, de là dépend le succès et rien que de là.

Il y a plusieurs manières de provoquer le sommeil magnétique :

1° Une personne est assise sur un banc, asseyez-vous en face d'elle de façon que vos pieds touchent les siens, prenez lui les doigts, et restez ainsi jusqu'à ce que vous vous sentiez au même degré de chaleur.

2º Posez ensuite les mains sur les genoux, laissez les 4 à 5 minutes, aussitôt que vous ressentirez un peu de chaleur descendez le long des jambes, puis recommencez à nouveau deux ou trois fois cette opération, ensuite revenez aux mains, des mains à l'estomac en ayant soin que vos pouces soient placés sur le pléxus solaire situé au creux de l'estomac et les autres doigts sur les côtés. Lorsque vous sentirez une intensité de chaleur à peu près au même degré, vous descendrez les mains jusqu'aux genoux et répéterez cette opération plusieurs fois, puis descendez le long des bras pour reprendre les doigts ; cette manœuvre doit être répétée trois à quatre fois.

Point essentiel :

Avoir toujours soin en faisant les passes de détourner les mains chaque fois que vous remontez, afin que la communication de chaleur soit toujours la même.

Ces simples pratiques répétées plusieurs fois suffisent pour endormir un sujet non habitué à l'influence exprimée mentalement ou verbalement par le magnétiseur. Malgré lui le sujet s'endort.

Vous pouvez procéder pour le magnétisme en faisant les passes indiquées ci-dessus, puis actionner votre fluide humain : ayez toujours la ferme intention d'endormir magnétiquement le sujet. Il faut bien entendu lui en donner l'ordre mental à plusieurs reprises et lui répéter ces injonctions à voix basse plusieurs fois de suite et ensuite à haute voix, sans bien entendu faire d'éclats, ni crier, mais dire fermement !!

Vous allez dormir ! Vous allez dormir ! Vous allez dormir ! Vous dormez, dormez ! Vous allez dormir ! Vous allez dormir (à haute voix)

Dormez ! Dormez ! Vous dormez ! Dormez, je le veux ! Vous dormez !!....

A plusieurs reprises vous recommencerez cette opération, car il ne faut pas croire que cette expérience réussisse la première fois, l'élève n'est pas maître, il faut travailler pour être hypnotiseur comme il faut forger pour devenir forgeron.

Bien des sujets analysent ce qui se passe en eux et sont ainsi absolument rebelles au sommeil magnétique.

Conseils et moyens

1º Il faut pour que l'opération réussisse très bien, regarder de plein le visage de la personne que vous voulez magnétiser en la fixant sans préoccupations et sans sourciller afin de faire entrer votre fluide, et le sommeil ne saurait tarder à venir.

Quand les yeux du sujet commencent à papilloter dites-lui d'une voix convaincue, ferme et grave : *Vous allez dormir ! Vous allez dormir !* répétez ces mots plusieurs fois. Il faut faire entrer la suggestion magnétique dans le sommeil.

2° Commandez au sujet de vous fixer les yeux, de vous regarder droit dans les yeux, de ne plus penser à rien autre chose, vous-même regardez-le fixement afin que rien ne le distraie ne vous occupez rien autre.

3° Quelques opérateurs endorment le sujet sans même le toucher, rien que par la réception et la perception de leur fluide.

4° Une fois le sommeil magnétique obtenu, vous demandez au sujet si rien ne le gêne, s'il entend. Si le calme persiste et s'il répond sans se réveiller, si au réveil il ne se souvient de rien, c'est à dire qu'il a eu réellement le sommeil magnétique.

Mais s'il se réveille en vous répondant, s'il se plaint de torpeur, d'engourdissement, de somnolence, il y a un commencement de catalepsie ; alors il ne faut plus continuer, il faut laisser le sujet se reposer. Plus tard vous pourrez peut-être mieux réussir, mais sur le moment ce serait dangereux pour le sujet.

L'opérateur doit avoir une grande patience dans tous ses actes, pas de colère, pas d'irritation, beaucoup de douceur au contraire, il faut quelquefois beaucoup de temps avec certains sujets, mais la patience est toujours le meilleur moyen. Bien entendu il faut aussi toutes les qualités énumérées plus haut.

Comment se réveille le sujet ?

Pour réveiller un sujet en état de sommeil magnétique, il faut lui souffler sur les yeux en lui ordonnant de se réveiller et en lui faisant des passes magnétiques en sens contraire, ou lui donner une légère secousse : une petite tape par exemple.

Ordonnez-lui de se réveiller :

Réveillez-vous ! Réveillez-vous ! Ne dormez plus, vous allez vous réveillez ! et vous ne vous souviendrez plus de rien, et le sujet cause, tient conversation avec vous sans se préoccuper de ce qui vient de se passer.

CHAPITRE III

Effets principaux de l'Hypnotisme

Chez l'homme comme chez la femme évidemment, ce fluide doit avoir plus d'un rapport avec le fluide électrique, s'il n'est pas le même que ce dernier.

Il n'y a dans la nature qu'une matière et qu'une force, prenant différents noms suivant ses diverses manières de se manifester. Certains de ces faits excitèrent l'attention et l'admiration du public. C'est le cas de l'hypnotisme.

La connaissance du magnétisme et de l'hypnotisme nous apprend non point à nier certains faits merveilleux qui peuvent être fort exagérés dans quelques circonstances, mais à les mieux connaître et à nous en servir pour notre divertissement.

Le magnétisme est une force agissant à distance comme l'électricité dont elle est sœur, mais qui n'a pas besoin de fils pour se transmettre d'un corps dans un autre.

Ainsi le fait une dépêche par la télégraphie sans fil.

Tel est le sommeil magnétique et ses analogues considérés surtout au point de vue de l'action du moral sur le physique.

CHAPITRE IV

Ses charmes *(Charmes du succès)*

Voyez cette personne, rien ne la distingue d'une autre; pourtant on éprouve quelque charme auprès d'elle. Elle plaît au premier abord et on ne sait pourquoi.

1° l'Impression qu'elle produit est excessivement bonne et favorable ; si elle parle, on l'écoute avec attention, avec plaisir même. Son élocution est toujours simple et facile, elle trouve à son service des mots typiques mais où perce une élégance native. Qu'a-t-elle donc pour être si sympathique ? Elle est supérieure aux autres par l'émanation abondante de ses ondes magnétiques.

Cette personne a la puissance et la force sur elle-même.

Elle tranche sur le vulgaire ; elle n'est pas bavarde, attentive au contraire à ce qui se passe autour d'elle ; elle a l'esprit du silence, ce qui n'est pas donné à tout le monde.

Cette personne en impose aux autres, elle les domine. Son fluide se répand et pénètre les êtres humains. Elle n'a pas conscience de son influence immédiate.

Sa volonté rompt tous les obstacles.

CHAPITRE V

Influence et domination sur tous

Voilà une autre personne au beau visage sans expression, se laissant pousser de-ci de-là, n'ayant point de révolte contre la malchance : point de nerfs enfin. Elle est rebutée dès le premier obstacle, découragée au premier insuccès. Bien entendu toutes ces malchances la découragent et elle maudit continuellement la destinée, elle accuse d'injustice le hasard, et se laisse aller au courant en répétant : c'était écrit !!!

Rien ne s'obtient sans travail, et **vouloir** c'est **pouvoir**.

CHAPITRE VI

Comment faire fortune

(Un petit indice)

Deux commerçants sont voisins; l'un est actif, curieux de tout ce qui concerne sa profession, il a du fluide. A peine connu, il est débrouillard, gai, rayonnant, toujours de bonne humeur, d'un abord facile, son visage respire le contentement de lui-même. Il est adroit, remuant, entreprenant. On le rencontre partout, toujours parleur, toujours joyeux. Il vend comme il veut et autant qu'il veut !!!

Tandis que celui-ci a déjà fait une bonne partie de sa besogne, l'autre est encore au lit. Il est lourd, lent à se décider. Ses insuccès continuels proviennent de sa paresse, du peu de nerf, de toute absence de fluide. Il est négligé dans sa tenue ; il déplait bien entendu dans toute son attitude. A peine a-t-il commencé sa besogne que la journée de l'autre est déjà presque terminée,

Il maudit tout le monde de la malchance qui le poursuit. Il se laisse aller au courant de la vie. C'est un homme perdu, une épave humaine. il ne réussit en rien et ne réussira jamais.

CHAPITRE VII

Du Magnétisme et de l'Hypnotisme

I°. — *Moyen sûr et pratique pour se faire aimer :*

1° La politesse, le rire, l'aménité, les regards tendres. Le fluide magnétique des yeux, sa puissance extrêmement développée, la force de ses effluves agissant par l'action hypnotique qu'ils exercent sur la personne toujours visée, lui cause une impression à laquelle le sujet ne peut être toujours rebelle.

De cette façon le sujet se soumet toujours à votre volonté, à vos désirs, à vos vœux.

II°. — *Moyen pratique de capter un héritage auprès des êtres faibles.*

On doit diriger son habileté vers un but plus ou moins avouable auprès des êtres faibles, en se servant toujours du procédé ci-dessus.

On peut aussi suggestionner un parent ou un ami, les obligeant ainsi à se prononcer suivants vos désirs et vos ambitions, Malgré eux ils feront tout ce que vous voudrez leur faire faire, même contre leurs intérêts.

L'Hypnotisme ayant ceci de particulier que tout ce qui se passe en cet état est oublié au réveil.

Le sujet voyant sa signature ne peut croire qu'il l'a donnée en toute connaissance de cause.

C'est le cas pour bien des actes répréhensibles.

III°. — *Puissance sur les arbitres*

D'autres encore se servent des mêmes moyens pour avoir une puissance sur les arbitres, les juges, les conseillers en les obligeant à se prononcer en leur faveur.

IV. — *Moyens pour arriver aux honneurs, etc.*

Posséder les meilleurs emplois dans la politique : être Maire, Député, Sénateur, faire signer des reçus, des chèques, des reconnaissances, réussir en toutes ses entreprises, être toujours heureux en duel, être toujours bon vendeur ou d'autres n'auront même pas une audience.

Même procédé que ci-dessus par le magnétisme, l'hypnotisme et le somnanbulisme!!

CHAPITRE VIII

LA CARTOMANCIE

ou l'Art de prédire l'avenir par les Cartes

Manières de tirer les Cartes

Nous allons faire connaître la manière de dévoiler l'avenir par les cartes, d'après le tableau synoptique. (Voir Chapitre X).

La première méthode est empruntée à Mme Lenormand, la célèbre cartomancienne :

Au jeu ordinaire de 32 cartes, ajouter les deux d'un jeu de 52 cartes.

Le deux de trèfle sera un confident dévoué.

Le deux de cœur, la personne pour qui on tire.

Le deux de pique un confident dont il faut se défier.

Le deux de carreau un confident peu sûr.

Battez bien vos cartes, faites-les couper de la main gauche, mettez la première carte sur la première case d'un tableau analogue à à celui que nous donnons, et qu'il vous sera facile de fabriquer ; la deuxième carte sur la case n° 2 et ainsi de suite jusqu'à la 36e carte qui trouvera sa place sur la case n° 36.

Les cartes posées sur les cases entourant le deux de cœur qui représente la personne consultante, forment la réponse des cartes données pour elle en prenant la signification de chaque carte en particulier et en dégageant le sens général.

Donnons un exemple : supposons qu'après avoir placé les cartes sur le tableau comme nous l'avons dit plus haut, le deux de cœur soit sur la case 10 et que toutes les cases qui l'entourent soient occupées :

La case 5 par le valet de trèfle
La case 6 par la dame de pique.
La case 7 par le neuf de pique.
La case 11 par l'as de carreau.
La case 13 par le dix de cœur.
La case 14 par le neuf de cœur.
La case 9 par le dix de pique.
La case 15 par le dix de trèfle.

Vous aurez la réponse suivante qui se dégage d'une façon claire et lumineuse de la situation de chacune des cartes sur le tableau synoptique, combinée avec leur signification particulière. Je me marierai prochainement, (le deux de trèfle sur la case mariage); avec un jeune homme brun, (valet de trèfle sur la case 5); mes fiançailles réussiront avec peine, (dame de pique sur case 6); à cause de la profession de mon fiancé, (neuf de pique sur case 7); mais une lettre, (as de carreau sur case 11) annonçant un héritage (as de cœur sur case 15) lèvera toutes les difficultés, (neuf de cœur sur case 14). Mon héritage sera avantageux (dix de cœur sur case 13), grâce à la position élevée de mon mari (dix de trèfle sur case 9).

Voici une seconde manière de tirer les cartes, également très pratique et très usitée, quoiqu'un peu plus difficile que la première.

Avant de procéder à l'horoscope, il faut avoir soin de désigner la carte qui doit représenter la personne consultante.

Cette carte sera également: la dame de cœur pour une femme blonde, la dame de trèfle pour une femme brune. Le roi de cœur pour un homme blond marié, le roi de trèfle pour un homme brun marié. Le valet de cœur pour un célibataire blond, le valet de trèfle pour un célibataire brun.

1ʳᵉ Opération. — Prendre un jeu de 32 cartes, battre, couper ou faire couper de la main gauche, retourner les cartes trois par trois en lisant leur signification au tableau que nous donnons plus loin, et en commençant par la carte de droite. Quand il y en a deux de même couleur: deux cœurs, deux piqués, etc., sortir la plus forte du jeu et la mettre devant soi à droite. Si les trois cartes sont de la même couleur, on prend également la plus forte. Si elles sont de la même valeur: trois as, trois valets par exemple, on les prend toutes les trois. Pratiquer ainsi jusqu'à épuisement du jeu en plaçant les cartes qui sortent, au fur et à mesure, à la gauche des autres sur un seul rang horizontal. Battre le talon et recommencer de nouveau l'opération jusqu'à ce qu'on ait sorti 13 cartes au moins et 21 au plus. Si la carte qui désigne le consultant n'est pas sortie, c'est d'un mauvais présage et tout est à recommencer.

2ᵉ Opération. — Une fois les cartes sorties et placées ainsi, compter en rang horizontal sept cartes en allant de droite à gauche, à partir de celle du consultant ; lire au tableau la signification de la septième carte et continuer ainsi de sept en sept cartes, à partir de la dernière carte lue en allant toujours de droite à gauche, jusqu'à ce que l'on ait fait trois fois le tour du rang horizontal.

3ᵉ Opération. — Pour terminer, sortir les cartes du rang horizontal, deux par deux ; une à droite, l'autre à gauche de ce rang, successivement l'une sous l'autre. De même pour celles de droite ; en lire la signification deux par deux ; en commençant par la carte de droite quand on les sort du rang horizontal.

L'ensemble de toutes les significations lues pendant les trois opérations donne l'horoscope complet.

CHAPITRE IX

Tour de Cartes les plus faciles

Ce ne sont pas toujours les tours de cartes les plus compliqués qui surprennent le plus.

Un détail insignifiant, pourvu qu'il ait échappé, déroute l'esprit, surtout s'il n'y a eu manifestement ni escamotage, ni prestidigitation. Si par exemple une personne vous montre une douzaine de cartes et se fait fort de vous dire celle que vous avez pensée, vous serez à bon droit étonné de la voir tomber juste, cependant rien n'est plus simple.

Pour cela il faut avoir du fluide car celui-ci est nécessaire pour réussir les tours de cartes les plus étonnants et les plus merveilleux.

Disposez un certain nombre de cartes en éventail. Vous comprendrez tout à l'heure celles que, sans en avoir l'air, il faut choisir de préférence. Vous en placez au milieu une qu'il soit facile de saisir du premier coup d'œil, une figure par exemple. Quand à celles qui sont sur les côtés, sans paraître vouloir trop ostensiblement les masquer, vous vous arrangez de façon à ce qu'il y ait naturellement doute sur leur valeur. Ce n'est pas compliqué. Pour tenir les cartes en main, il faut les faire chevaucher légèrement ; cela suffit pour que la personne à qui vous les montrez n'aille pas choisir un sept ou un huit par exemple, dans l'incertitude de leur valeur vraie. Du reste vous ne lui laissez pas trop de temps, promenant le jeu devant ses yeux avec vivacité.

Toutes les circonstances sont ainsi réunies pour mettre votre adversaire dans l'impossibilité, pour ainsi dire, de choisir une une autre carte que celle mise en vedette. Ce tour réussit toujours, vu qu'il est très facile d'en masquer les petites préparations.

CHAPITRE X

I°. — Tableau synoptique des valeurs et significations de chaque carte suivant sa position.

La signification de chacune des cartes n'est pas la même, suivant que la carte est droite, c'est-à-dire placée la tête en l'air, ou renversée, lorsqu'elle se présente la tête en bas. Les cartes usuelles n'ayant à la vue ni haut ni bas, il est donc nécessaire de faire une marque sur chacune d'elles pour pouvoir reconnaître de prime abord si elle est tirée droite ou renversée.

Trèfles

As : *Carte droite.* — Bonne nouvelle, bonne joie, joie, argent, heureuses espérances, signe de succès.

Retournée

La joie viendra mais sera de courte durée, et le succès plus incertain sera dans tous les cas, éphémère.

Roi : *Carte droite.* — Homme loyal, puissant, aimant à rendre service; ami fidèle. D'un bon augure, annonce de brillants résultats; prédit un bon mari à la jeune fille ; au militaire, du courage et un rapide avancement.

Retournée

Projets contrariés, maladies, déceptions ennuis.

Dame : *Carte droite.* — Femme brune, honnête, aimante, susceptible, très souvent une protectrice ; quelquefois une rivale; aux femmes mariées, prédit de grands succès dans le monde, aux jeunes gens un bon mariage.

Retournée

Femme jalouse, impitoyable; beaucoup d'indécision.

Valet : *Carte droite.* — Jeune homme brun, adroit, ennemi de la calomnie, fidèle, vertueux; souvent c'est un amoureux fidèle, sincère et brave.

Renversée

Flatteur peu dangereux, amoureux évincé et malheureux.

Dix : *Carte droite*. — Annonce grand succès, beaucoup d'honneurs et de fortune, beaucoup d'argent.

Retournée

Petite réussite et incertitude dans les projets.

Entre deux dames : très riche mariage, grand succès, grande prospérité.

Entre un roi et une dame : protection puissante.

Entre deux cartes de même couleur : succès certain mais assez longuement retardé par des petits ennuis.

Neuf : *Carte droite*. — Argent reçu au moment où l'on y compte le moins, succès sérieux en amour.

Renversée

Cadeau de peu d'importance.

Entre deux cartes de même couleur : association heureuse et prospère.
Entre deux as: argent de l'Etat.

Huit : *Carte droite.* — Succès dans les démarches, présage de fortune ; jeune fille brune qui pense avantageusement à vous, joie en amour.

Renversée

Déception en amour et difficultés dans les entreprises.
Entre deux valets : Déclaration d'amour.
Entre deux cartes de même couleur : Méfiez-vous d'un rival.

Sept : *Carte droite.* — Service rendu par une jeune fille que l'on aime; amour contrarié, petite somme d'argent, recouvrement d'une dette considérée comme perdue.

Renversée

Déception en argent comme en amour, et difficultés dans les entreprises.
Déclaration d'amour.

Entre deux cartes rouges : Abondance.
Entre deux cartes noires : Jalousie de femme.

Cœurs

As : *Carte droite.* — Nouvelle annonçant la visite inattendue d'un ami ou de la personne aimée, agrément.

Retournée

Lettre d'amour, déclaration, et visite d'une personne apportant de bonnes nouvelles.

Roi : *Carte droite.* — Homme loyal, ami fidèle, et qui vous aidera de tout son pouvoir en toutes circonstances.

Retournée

Homme avare qui devient un obstacle à vos projets et les retarde beaucoup.

Dame : *Carte droite.* — Femme douce, aimante, d'un caractère facile et agréable, amie affectueuse.

Retournée

Femme qui fait obstacle à vos désirs; espoir déçu.

Valet : *Carte droite.* — Joyeux garçon, et sympathique fiancé, ami de cœur, galant.

Retournée

Homme mécontent et irascible, fiancé jaloux dont il faut se méfier.

Dix : *Carte droite.* — Joie, gloire, surprises, réussite en amour.

Retournée

Malaises, légers ennuis.

Neuf : *Carte droite.* — Réussite en amour, au jeu, satisfaction, bon accord.

Retournée

Contrariétés, chagrins, pertes au jeu.

Huit : *Carte droite.* — Réussite en amour auprès d'une femme brune, plaisir; réjouissances et amourettes.

Retournée

Indifférence en toutes choses et principalement envers celle que l'on aime.

Sept : *Carte droite.* — Paix du cœur, bonnes pensées, fiançailles ou mariage.

Retournée

Contrariété, mariage ajourné et quelquefois rompu par suite de médisances de personnes intéressées.

Piques

As : *Carte droite.* — Plaisir, amour de de la personne qu'on aime, bonheur, passion satisfaite, brillante fortune.

Retournée

Mauvaises nouvelles, contrariétés.

Roi : *Carte droite.* — Homme rouge, dangereux et méchant, de mauvaise foi annonce procès et chicane.

Retournée

Mauvaises affaires.

Dame : *Carte droite*. — Femme redoutable ; veuve qui désire à tout prix se remarier.

Retournée

Veuve ou femme blonde d'un caractère médisant et d'un naturel jaloux.

Valet : *Carte droite*. — Jeune homme méchant et de mauvaise conduite, étranger ambitieux et flatteur.

Retournée

Jeune homme blond qui médite une trahison.

Dix : *Carte droite*. — Espérances déçues, peines de cœur, grand chagrin, malheur et prison.

Retournée

Pertes, emprisonnement.

Neuf : *Carte droite*. — Obstacles, retards, présages de mort. C'est la plus mauvaise cartes du jeu.

Retournée

Perte d'une personne qui vous est chère, à la suite d'un accident imprévu.

Huit : *Carte droite*. — Mauvaise nouvelle, maladie, contrariété misère et tristesse.

Retournée

Mariage manqué à la suite d'une médisance.

Sept : *Carte droite*. — Chagrins de peu de durée, peines de cœur, amante infidèle, déceptions et querelles.

Retournée

Basse intrigue qui s'agite autour de vous, mais qui n'aura aucune importance.

Carreaux

As : *Carte droite*. — Lettre ou dépêche qu'on recevra incessamment, billet, contrat.

Retournée

Une lettre apportant une mauvaise nouvelle et ne contenant que des choses désagréables.

Roi : *Carte droite*. — Homme insolent, hautain, vindicatif ; homme méchant, volage en amour.

Retournée

Querelle avec la personne aimée, dangers à craindre.

Dame : *Carte droite*. — Mauvaise femme de campagne, médisante, de mœurs détestables, dont les paroles sont à craindre.

Retournée

Ses propos ont des chances d'être crûs et sa médisance devient dangereuse.

Valet : *Carte droite*. — Homme sournois et infidèle qui apporte une nouvelle. En général, facteurs ou intermédiaires.

Retournée

La nouvelle apportée est mauvaise et désagréable.

Dix : *Carte droite*. — Grand voyage prochain, changement de pays.

Retournée

Voyage et déplacement seront peu heureux.

Neuf : *Carte droite*. — Contrariétés, retards en affaires, et rendez-vous manqués.

Retournée

Brouille de famille, rendez-vous manqué qui causera de grands ennuis qu'on aura de la peine à oublier.

Huit : *Carte droite*. — Démarches amoureuses, personne qui s'intéresse à vous, voyage de peu d'importance.

Retournée

Démarches faites qui n'aboutissent en rien.

Sept : *Carte droite.* — Bonnes nouvelles mitigées; moquerie, satire, plaisanteries.

Retournée

Médisance, cancans, qui n'ont peu d'importance cependant et qui ne produisent aucun effet.

II. — Valeur des cartes réunies ensemble.

Si les cartes ci-après sortent ensemble, c'est-à-dire l'une après l'autre, voici la signification qui en découle naturellement.

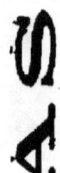

Quatre : *Droits.* — Mauvaises nouvelles; dangers de toutes sortes, même emprisonnement. Si les as sont retournés le danger est moindre, mais il n'en n'est pas moins imminant et certain.

Trois : *Droits.* — Grande chance au contraire ; heureuses nouvelles. S'ils sont renversés : intrigue coupable, malheur dans la maison.

Deux : *Droits.* — Complot contre votre bonheur. *Renversés*: le complot ne réussira pas, mais néanmoins vous occasionnera quelques ennuis.

ROIS

Quatre : *Droits*. — Grande réussite, honneurs, récompense, dignités. *Retournés* : faveurs et honneurs moindres mais plus prochains.

Trois : *Droits*. — Consultation d'hommes d'affaires sur un sujet important. *Retournés :* cette affaire est compromise, mauvaise.

Deux : *Droits*. — Projets fermes par deux hommes de même valeur et de même fortune. *Retournés :* projets sans suite.

DAMES

Quatre : *Droites*. — Réunion joyeuse, bal festin. *Retournées* : les réunions sont équivoques et de mauvais goût.

Trois : *Droites*. — Réunion de trois femmes qui complotent contre vous. *Retournées* : ruses et calomnie.

Deux : *Droites*. — Réunion de deux amies. *Retournées* : réunion de deux amies mais pour un cas douloureux.

VALETS

Quatre : *Droits*. — Faux amis qui se réunissent pour vous faire du mal. *Retournés*: dispute, maladie, pauvreté, misère.

Trois : *Droits*: Faux amis qui se réunissent pour vous faire du mal. *Retournés* : dispute, querelles avec des gens de basse extraction.

Deux : *Droits*. — Projet coupable et dangereux. *Retournés* : ce mauvais projet a chance d'aboutir.

DIX
> **Quatre**: *Droits*. — Grande réussite dans ce qu'on désire. *Retournés*: réussite moins grande mais néanmoins certaine.
>
> **Trois**: *Droits*. — Mauvaise conduite, déception, insuccès.
>
> **Deux**: *Droits*. — Changement rapide dans le genre de vie. *Retournés*: changement de même nature, mais plus éloigné.

NEUF
> **Quatre**: *Droits*. — Profonde surprise. *Retournés*: réunion d'amis sincères.
>
> **Trois**: *Droits*. — Bonne santé, joie et fortune. *Retournés*: fortune compromise par suite de choses indépendantes de la volonté.
>
> **Deux**: *Droits*. — Petite réussite dans ses affaires, petits profits. *Retournés*: pertes au jeu, déveine persistante.

HUIT

Quatre : *Droits.* — Voyages peu éloignés et de peu de durée. *Retournés* : Voyage d'un ami ou retour d'un parent.

Trois : *Droits.* — Projets de mariage. *Retournés* : Amourettes, bonnes fortunes, amusements, plaisirs.

Deux : *Droits.* — Amours de peu de durée. *Retournés* : Petits plaisirs et petits chagrins.

SEPT

Quatre : *Droits.* — Intrigues de domestiques, contestation avec des gens de mauvaise foi. *Retournés* : ces intrigues et contestations n'aboutiront pas.

Trois : *Droits.* — Maternité, maladie, infirmité. *Retournés* : la maladie aura peu de durée.

Deux : *Droits.* — Amourettes, nouvelles de celle qu'on aime. *Retournés* : Grande joie.

La destinée n'est jamais absolument irrévocable et il faut se garder avec soin de tomber dans le fatalisme musulman comtempteur, dissolvant de toute énergie. Tant que la petite fleur bleue de l'espérance végète encore au cœur de l'homme, le moindre rayon de soleil la réchauffe et la vivifie, et il ne saurait y avoir aussi longtemps qu'on le croit de véritable infortune.

TABLE DES MATIÈRES

          Avant-Propos.
- Chap. I   Effets du magnétisme personnel
La pratique du magnétiseur.
- Chap. II Effets et influences du magnétisme personnel.
Conseils et moyens.
- Chap. III Effets principaux de l'hypnotisme.
- Chap. IV Ses charmes, charmes du succès
- Chap. V Influence et domination sur tous
- Chap. VI Comment on peut faire fortune (gagner beaucoup d'argent).

Chap. VII	Du magnétisme et de l'hypnotisme.
	1° Moyen sûr et pratique pour se faire aimer.
	2° Moyen pratique de capter un héritage.
	3° Avoir une puissance sur les arbitres, les juges et conseillers.
	4° Moyens pour arriver aux honneurs, etc.
Chap. VIII	Manière de tirer les cartes.
Chap. IX	Tour de cartes des plus faciles.
Chap. X	La Cartomancie ou l'art de prédire l'avenir par les cartes.
	1° Tableau synoptique.
	2° Valeur des Cartes réunies ensembles.

www.ingramcontent.com/pod-product-compliance
Lightning Source LLC
LaVergne TN
LVHW022145080426
835511LV00008B/1261